超级工程

丛书

极寒飞驰：中国高寒高铁

总顾问 聂震宁 陈 云
总主编 杜彦良
主 编 陈 馈 王江卡 周 蓓

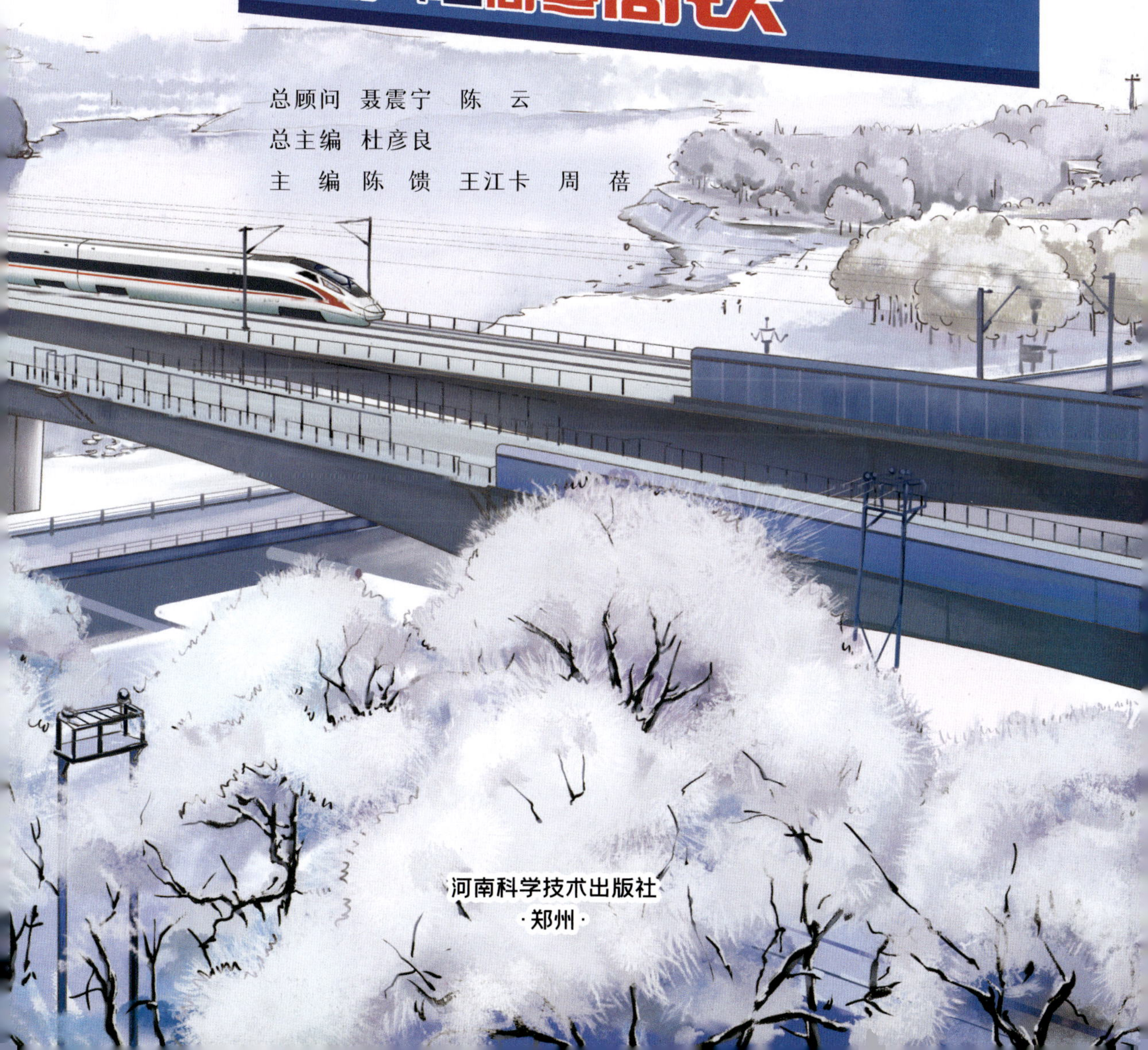

河南科学技术出版社
·郑州·

图书在版编目（CIP）数据

极寒飞驰 ：中国高寒高铁 / 陈馈，王江卡，周蓓主编. -- 郑州 ：河南科学技术出版社，2025. 1. --（中国超级工程丛书）. -- ISBN 978-7-5725-1702-0

Ⅰ. U238-49

中国国家版本馆 CIP 数据核字第 2024BS6661 号

极寒飞驰：中国高寒高铁 

出版发行：河南科学技术出版社
地址：郑州市郑东新区祥盛街 27 号　　邮编：450016
电话：（0371）65788613　65788642
网址：www.hnstp.cn
出 版 人：乔　辉
策划编辑：牟　斌　刘燕芳　王志强
责任编辑：刘燕芳　牟　斌　王志强
责任校对：耿宝文　徐小刚
整体设计：小红帆　祺虎平面
插图绘制：姜　雨　王美伦　赵博文
责任印制：徐海东
印　　刷：涿州市京南印刷厂
开　　本：787 mm × 1092 mm　1/16　印张：4　字数：100 千字
版　　次：2025 年 1 月第 1 版　2025 年 1 月第 1 次印刷
定　　价：49.80 元

“中国超级工程丛书”编委会

谨以此书献给可爱
可敬的工程建设者们

PREFACE／前言

科技如春风拂面，赋予世界勃勃生机，改变着世界。

如今中国已是科技大国，在基建、航天等领域，我们展翅高飞，创造了令世界瞩目的奇迹。

孩子们是祖国的花朵，是未来的希望，他们见证着祖国的科技辉煌和繁荣昌盛。编著这套图书的初衷，便是让每一个孩子都能领略到工程科技的魅力，感受到工程师的智慧。孩子是天生的小探险家，对世界充满了好奇与渴望。那些卓越的大国工程，对孩子们来说或许有些“高深莫测”，但请相信，我们将用生动、有趣的笔触，将它们呈现给孩子。在这套书中，我们将一起目睹中国高铁的疾驰如飞、大桥的横跨天堑、航天科技的梦幻传奇等。这些工程背后的国之匠心，是工程师们一次次的坚守担当，是他们托举起了强国建设、民族复兴的伟大梦想。

让我们共同翻开这套书，踏上一段奇妙的超级工程之旅。愿孩子们在阅读中收获知识，启迪心灵，培养科技素养，从小增强自信，成为新时代的杰出人才！愿孩子们在未来的日子里，绽放出属于自己的光芒，书写属于自己的传奇！

编者

2024年7月

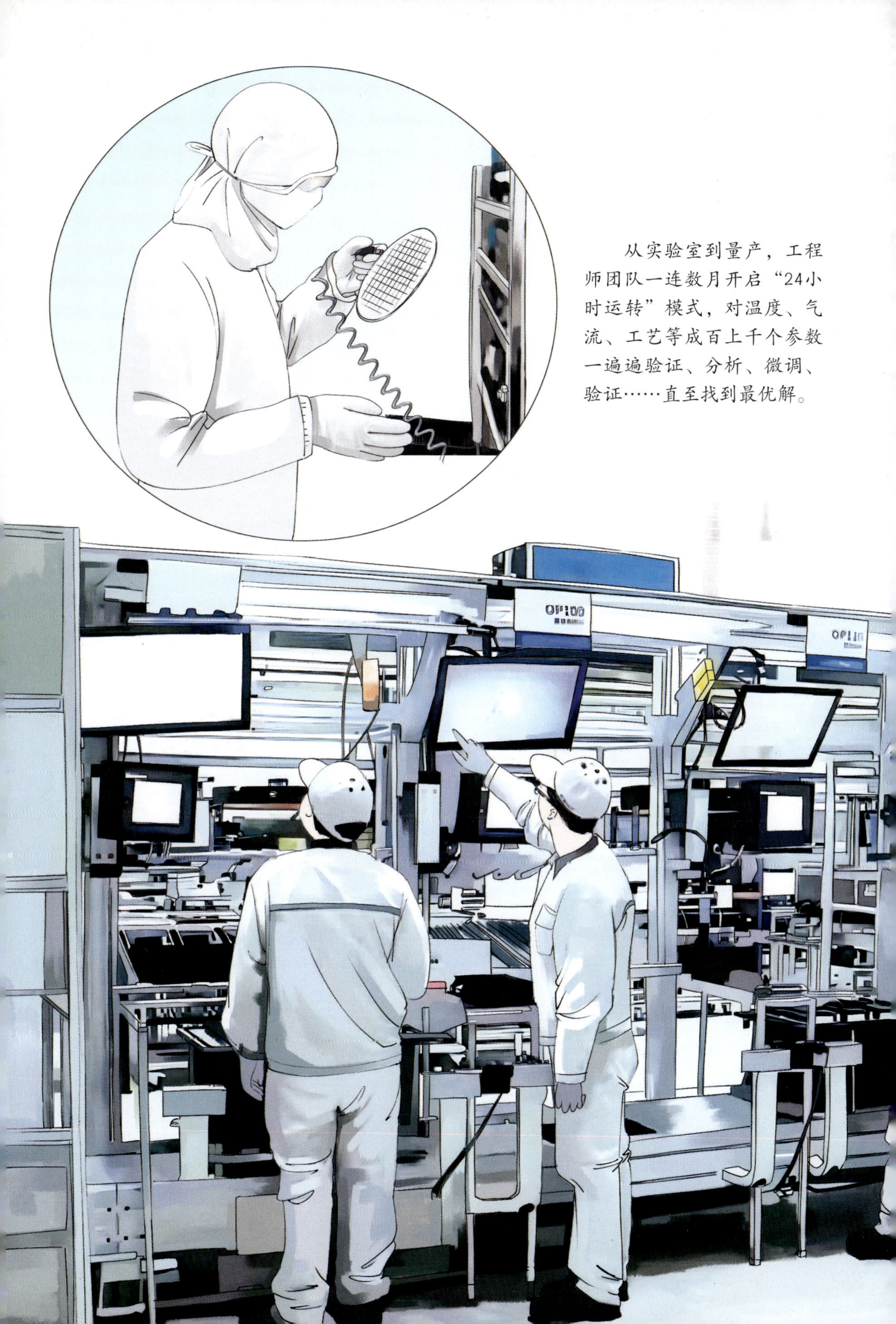
从实验室到量产，工程师团队一连数月开启“24小时运转”模式，对温度、气流、工艺等成百上千个参数一遍遍验证、分析、微调、验证……直至找到最优解。

和谐号
CRH
和谐号
CRH
CRH
CRH

高铁列车“休息”的地方——动车所。

中国铁路的奉献者

在我国决定自主研发动车组技术的时候，一个巨大的困难摆在工程师们的面前，那就是芯片的研发。芯片被誉为“皇冠上的明珠”，要是没有它，高铁连平稳起步都实现不了。

过去，我国的IGBT模块都要从德国、日本进口。如果从零开始研究，独立研制出性能优越、稳定可靠的IGBT芯片，难度可想而知。

于是，工程师们睿智地选择了一条“捷径”——实施“收购—整合—创新”战略，通过收购国外成熟企业，吸纳国际优势研发资源，对IGBT技术进行自主攻关。

轨道交通用到的芯片属于高压IGBT，6500伏的高压测试是巨大的考验。科研人员苦练技术，凭借扎实的基础成功完成了这项测试，实现了技术性的飞跃。他们本着严谨、细致的精神，仅用6年时间就打破了国外几十年技术垄断。

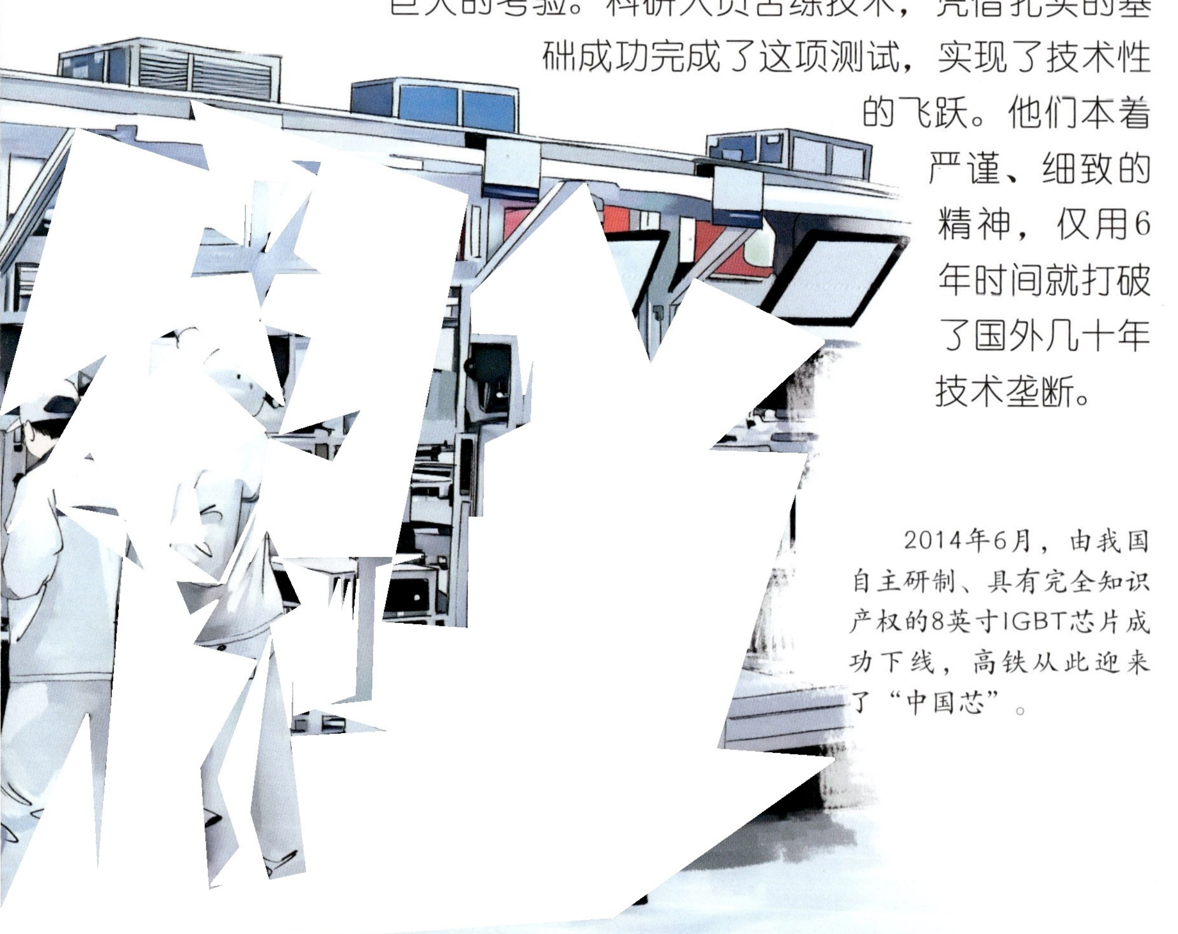

2014年6月，由我国自主研制、具有完全知识产权的8英寸IGBT芯片成功下线，高铁从此迎来了“中国芯”。

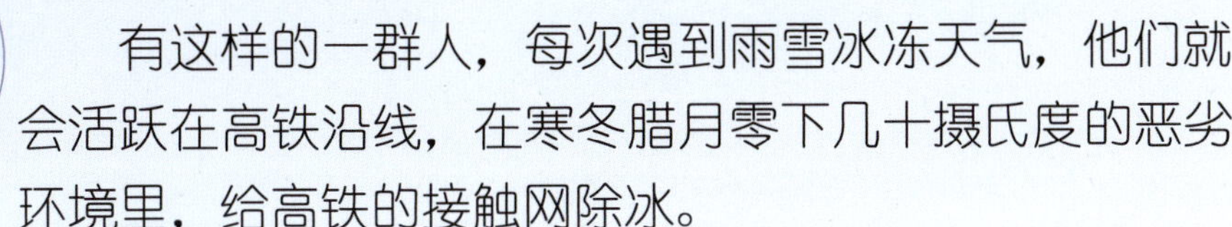

有这样的一群人，每次遇到雨雪冰冻天气，他们就会活跃在高铁沿线，在寒冬腊月零下几十摄氏度的恶劣环境里，给高铁的接触网除冰。

每一次接到任务，都是时间紧、任务重。为了及时恢复高铁的运营秩序，他们采取歇人不歇车的方式，轮班倒休，常常24小时开展除冰作业，保证了高铁的畅通。

在一些修建年代久远的隧道内，每到早晚气温变化较大的季节，山体积水便会从隧道裂缝处渗出，在隧道内拱顶结成冰柱。

CRH
和谐号

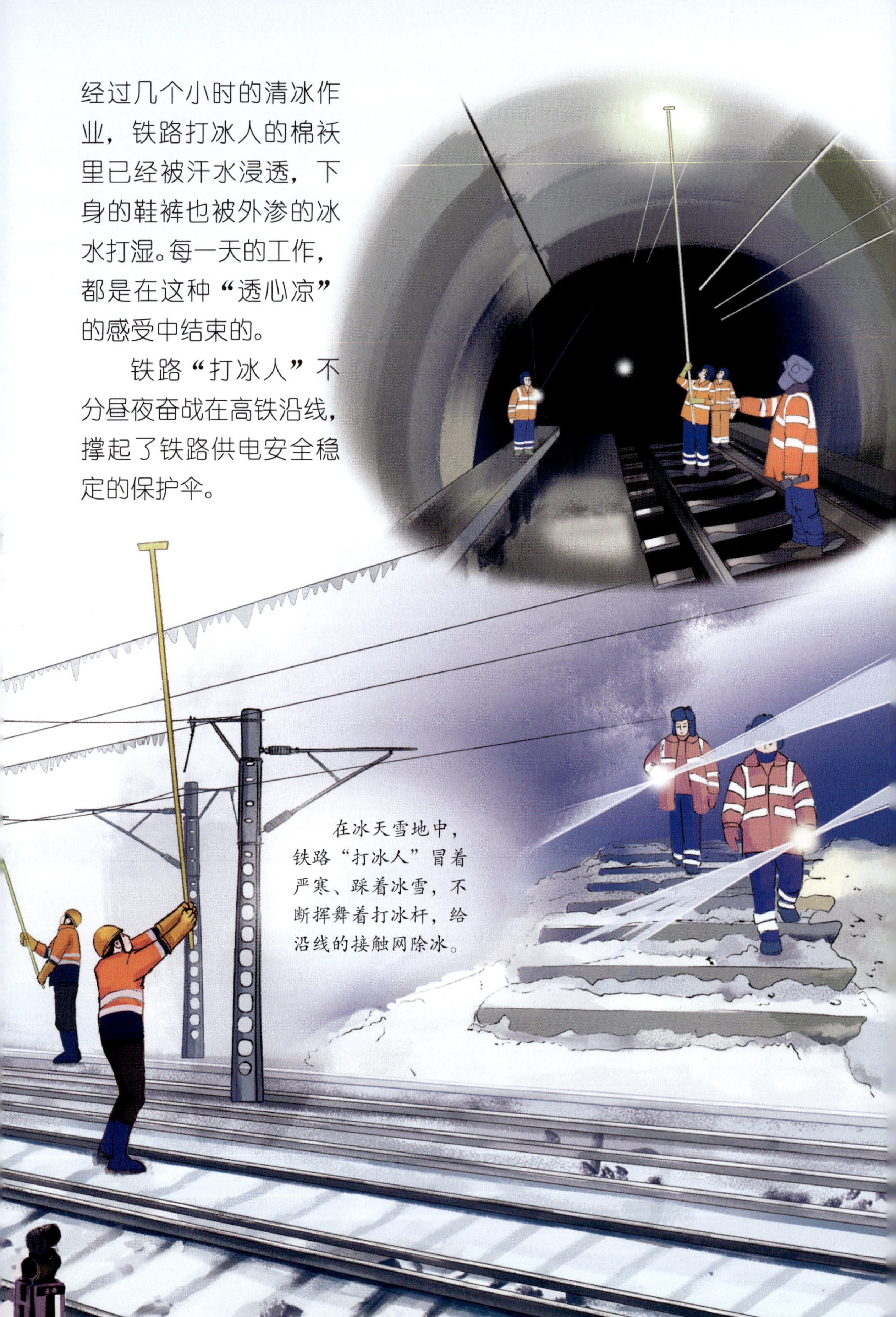

经过几个小时的清冰作业，铁路打冰人的棉袄里已经被汗水浸透，下身的鞋裤也被外渗的冰水打湿。每一天的工作，都是在这种“透心凉”的感受中结束的。

铁路“打冰人”不分昼夜奋战在高铁沿线，撑起了铁路供电安全稳定的保护伞。

在冰天雪地中，铁路“打冰人”冒着严寒、踩着冰雪，不断挥舞着打冰杆，给沿线的接触网除冰。

目录

等待出发的高速列车

这里是高铁的动车所，就像是高铁的“能量补给站”。看那一排排高铁，像一根根的箭矢，静静地卧在轨道上，等待着天窗期的结束。它们在积蓄力量，准备飞驰前行，带我们踏上新的旅程。

动车所

结束一天的辛勤奔波，高铁们会进入动车所，接受全方位的保养和检查。工作人员会及时更换零部件，确保它们以最佳状态迎接新的旅程。为了高铁们的安全，这里可是不可或缺的“休息站”。

天窗期

高铁列车一般在凌晨会有休息的时间，人们把这仅有的“空闲”时间，叫作高铁天窗期。

看，有一辆复兴号高铁已经出发了，它要开往哪里呢？

高铁

要被称作“高铁”，列车的速度可是有严格要求的。按照国际标准，如果新建铁路上的列车能够以200千米/时以上的速度飞驰，它就被称为“高铁”。

高铁出发了

清晨的阳光洒在整洁的站台上，北京时间上午 8 点整，京哈线复兴号高铁蓄势待发。站台上，乘客们各自忙碌着，有的背着行囊，有的拖着行李箱，还有的在通电话。他们步伐不紧不慢，脸上洋溢着幸福的微笑，带着对旅途的期待准备出发。

在这群旅客中，一位精神矍（jué）铄的老奶奶特别引人注目。她一手拎着行李，一手紧紧牵着小孙子轩轩，矫健地踏上列车。轩轩瞪大了眼睛，兴奋地打量着车厢内的一切，显然对这段旅程充满了好奇。

随着列车缓缓启动，清晨的站台在视线中逐渐远去，新的旅程就此展开。

你知道吗？

G、D、C字头列车

火车票上，车次开头的大写字母，分别代表不同的意思：

G字头列车，是指高速动车组列车，是“高”的意思；D字头列车，是指普通动车组列车，是“动”的意思；C字头列车，是指城际动车组列车，是“城”的意思。

站台

普通铁路站台的高度各不相同，这给乘客上下车带来了一些不便。为了方便大家，在上下车的门口，通常会加设登车梯。而高速铁路的站台面与车厢地板可是平齐的哦！这样一来，上下车就变得轻松多了，同时也大大提高了安全性。

列车如同离弦的箭，飞驰在铁轨上。奶奶轻轻握着轩轩的小手，眼中满是自豪。她告诉轩轩：“宝贝，你知道吗，中国的高铁有两种，和谐号和复兴号。今天，我们乘坐的是复兴号哟！”轩轩好奇地问：“奶奶，复兴号和和谐号有什么不同呢？”

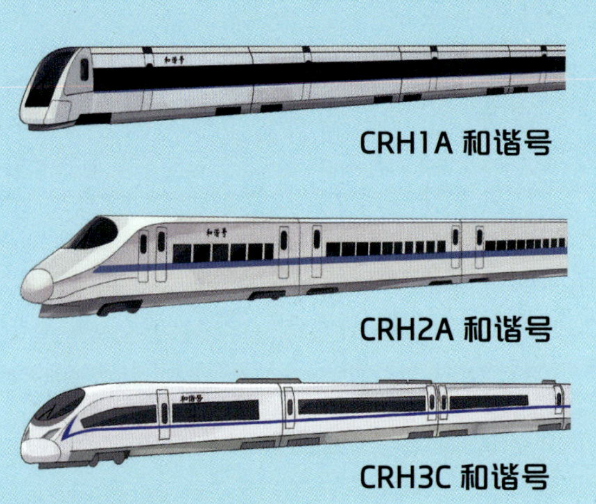

CRH1A 和谐号

CRH2A 和谐号

CRH3C 和谐号

和谐号 CRH

和谐号开头代码“CRH”是“China Railway High-speed”的缩写。意为中国铁路高速（列车）。

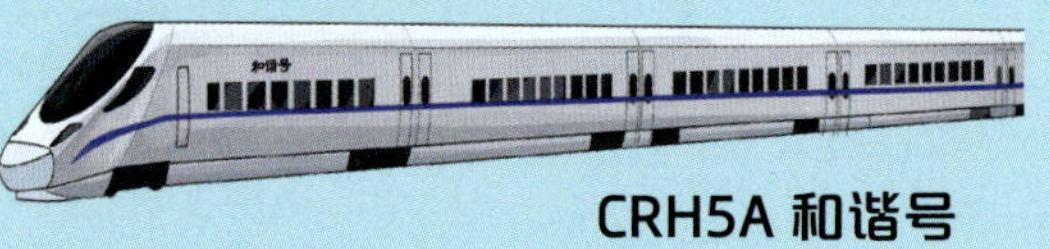

CRH5A 和谐号

CR400

CR400 复兴号动车组有 CR400AF（“红神龙”）、CR400BF（“金凤凰”）、CR400BF-C（“龙凤呈祥”“瑞雪迎春”）、CR400BF-G（“冰凤凰”）、CR400AF-G（“红神龙”高寒版）等车型。

奶奶眼中闪烁着智慧的光芒，她告诉轩轩：“和谐号是咱们国家从国外引进技术制造的，虽然也很棒，但它的核心技术和知识产权都不完全属于我们。而复兴号，可是咱们在掌握了和谐号技术的基础上，自主研发出来的，完全是我们自己的知识产权哟！”

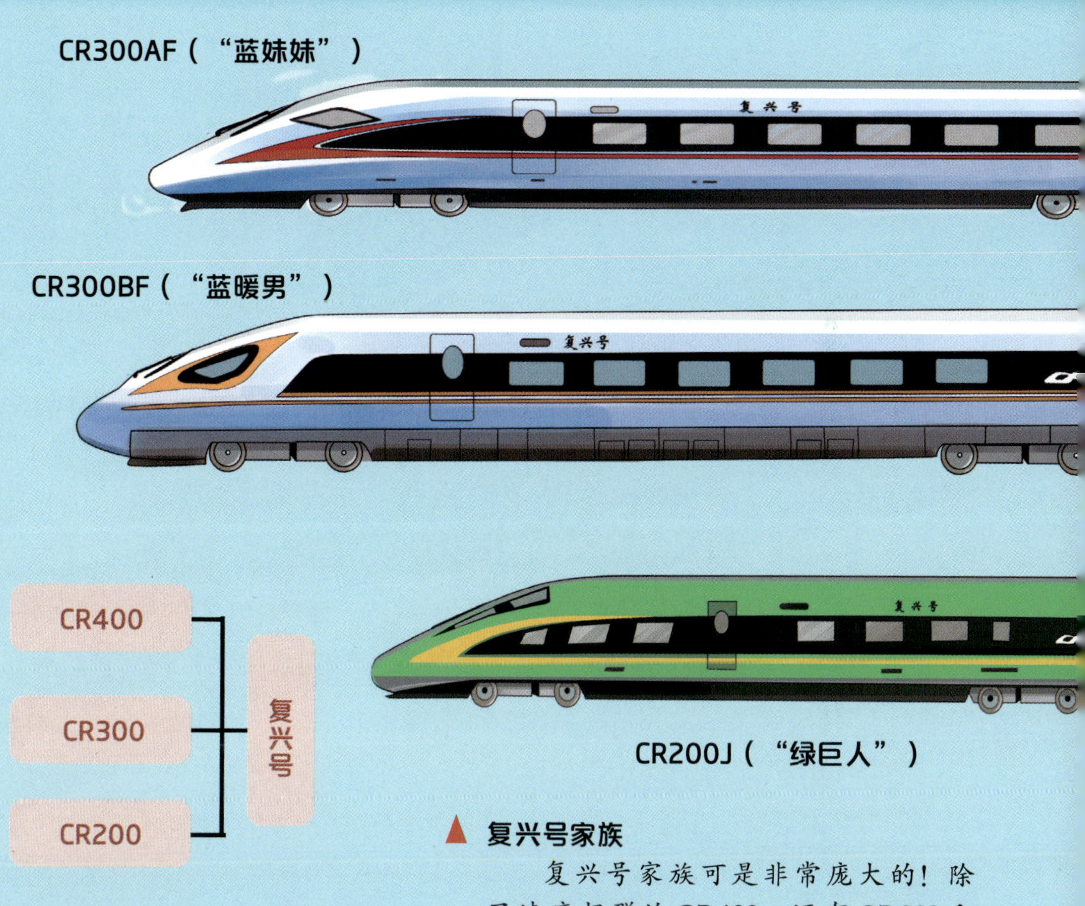

▲ **速度等级**

复兴号有三种速度等级的车型，分别为CR400、CR300、CR200，其中数字代表最高时速。

▲ **复兴号家族**

复兴号家族可是非常庞大的！除了速度超群的CR400，还有CR300和CR200这些小伙伴。虽然它们的速度比CR400稍逊一筹，但票价更加亲民哟！所以，无论速度还是预算如何，复兴号都能满足你的需求，让你轻松选择最适合自己需求的车型！

高铁换道了

轩轩和奶奶乘坐的列车驶入了一个复杂的轨道区，只见铁轨纵横交错，让人眼花缭乱。轩轩瞪大了眼睛，好奇地问："奶奶，这么多轨道，列车换道的时候会不会出问题呢？"

奶奶笑了笑，用她那温和的声音解释道："不用担心，当轨道交叉的时候，有一个叫作道岔的重要装置在发挥着作用。这个道岔由心轨和尖轨组成，就像一个巧妙的开关。通过变换心轨和尖轨的位置，就可以精确地连通不同的线路，确保每辆列车安全地变换轨道。"

听完奶奶的解释，轩轩恍然大悟："原来是这样，道岔真是太神奇了！"他感叹道，对这神奇的铁路系统充满了好奇与敬畏。

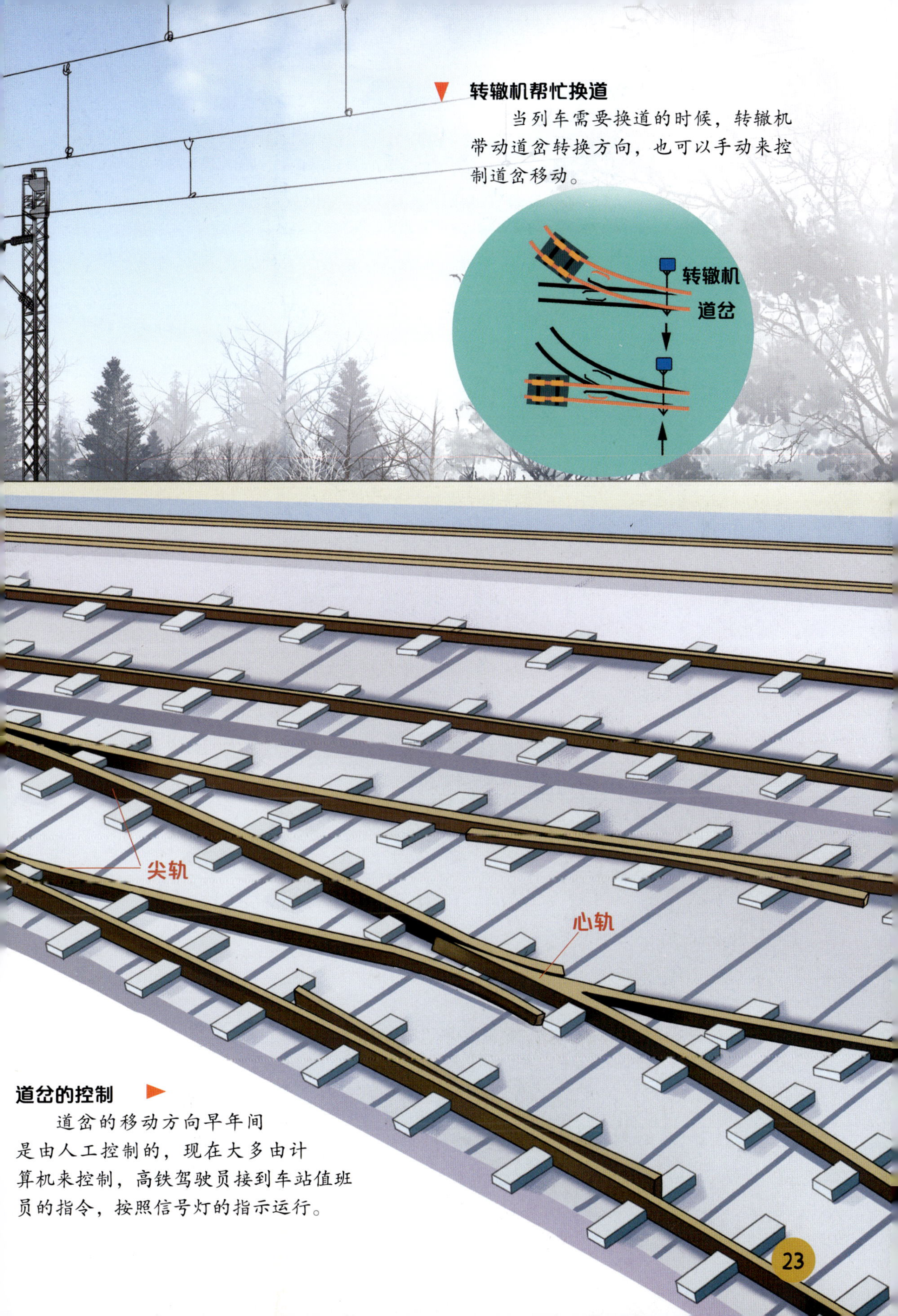

转辙机帮忙换道

当列车需要换道的时候，转辙机带动道岔转换方向，也可以手动来控制道岔移动。

道岔的控制

道岔的移动方向早年间是由人工控制的，现在大多由计算机来控制，高铁驾驶员接到车站值班员的指令，按照信号灯的指示运行。

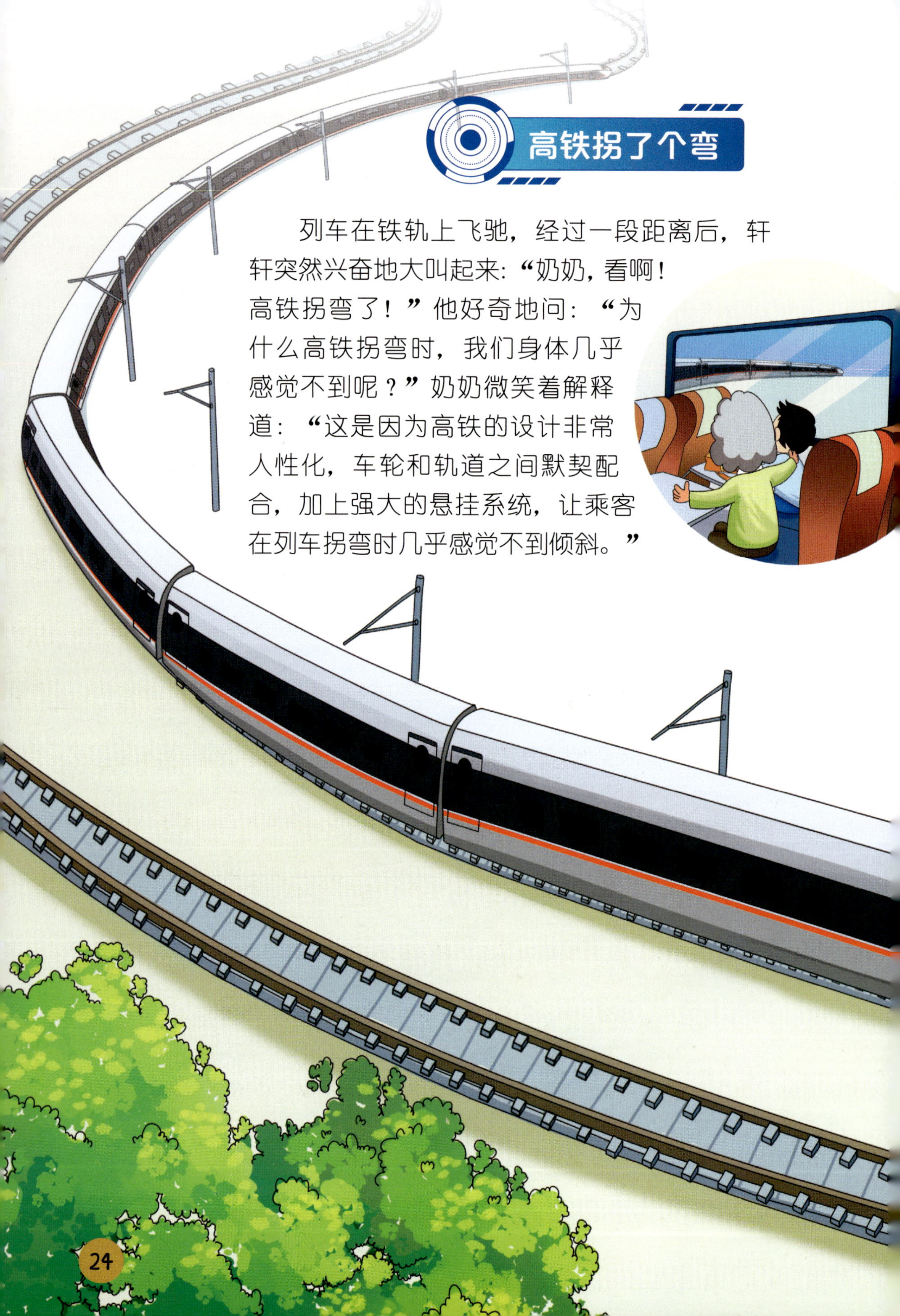

高铁拐了个弯

列车在铁轨上飞驰，经过一段距离后，轩轩突然兴奋地大叫起来:“奶奶，看啊！高铁拐弯了！”他好奇地问：“为什么高铁拐弯时，我们身体几乎感觉不到呢？”奶奶微笑着解释道：“这是因为高铁的设计非常人性化，车轮和轨道之间默契配合，加上强大的悬挂系统，让乘客在列车拐弯时几乎感觉不到倾斜。”

在列车转向架发明之前，列车的转弯可不像现在这么顺畅哟！奶奶说:“由于向心力的作用,那时候列车转弯时要么车身倾斜,要么轨道倾斜,速度也不能保证。但现在有了转向架，一切都变得不同啦！”

转向架发明前，列车如何转弯?

车身倾斜

曾经出现的摆式列车在转弯时，车身会倾斜一定的角度，来适应转弯时候的离心力，这就像转弯时候的摩托车一样，轨道水平，车身会倾斜。

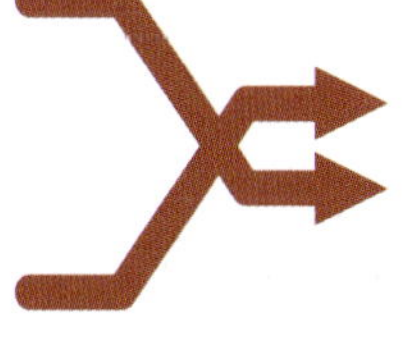

轨道倾斜

轨道倾斜也是一种方法，车身与轨道面垂直，像自行车比赛时倾斜的赛道。列车通过弯道时会产生一个向心力，以平衡转弯时的离心力。

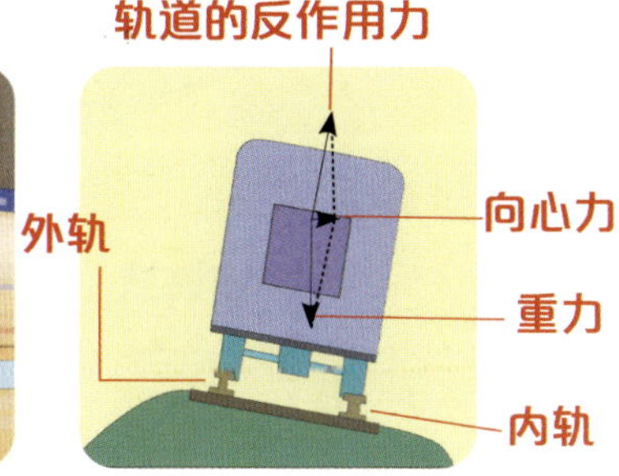

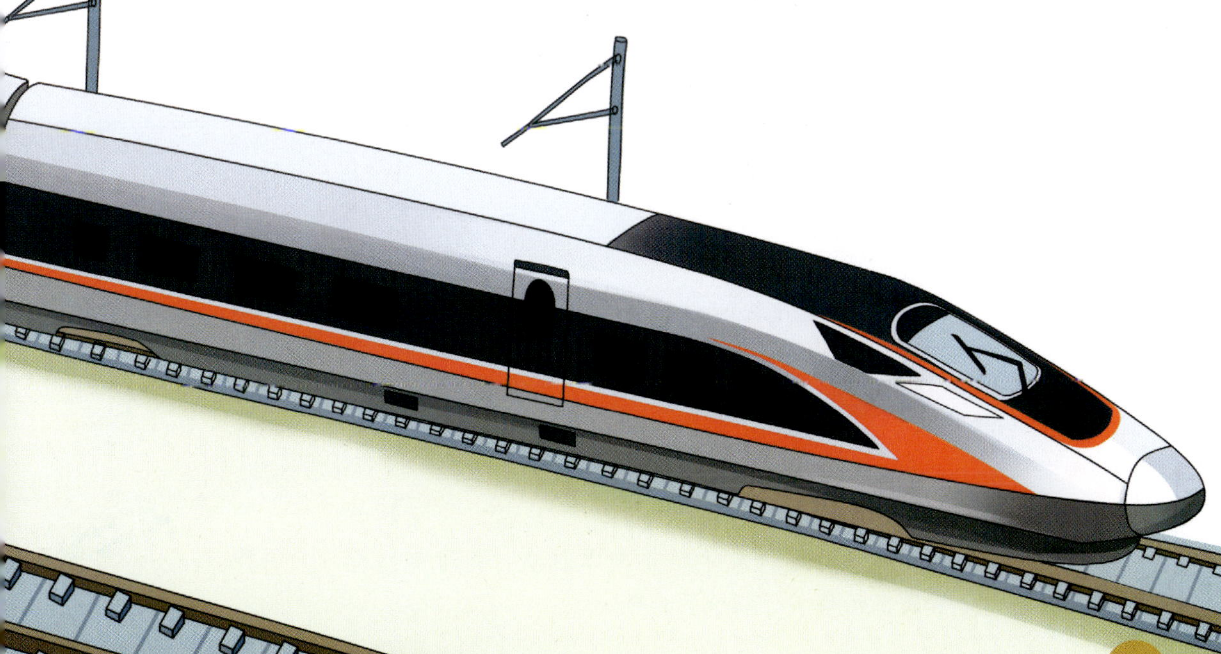

列车的底盘——转向架

由于高铁的车厢太长了，不容易转弯，所以高铁的底盘与汽车不同，不是和车厢焊接在一起的，而是由多个转向架组成的，以便于转弯。有些转向架上还安装了牵引电机，这样的车厢就变成了“动力满满”的动车车厢。

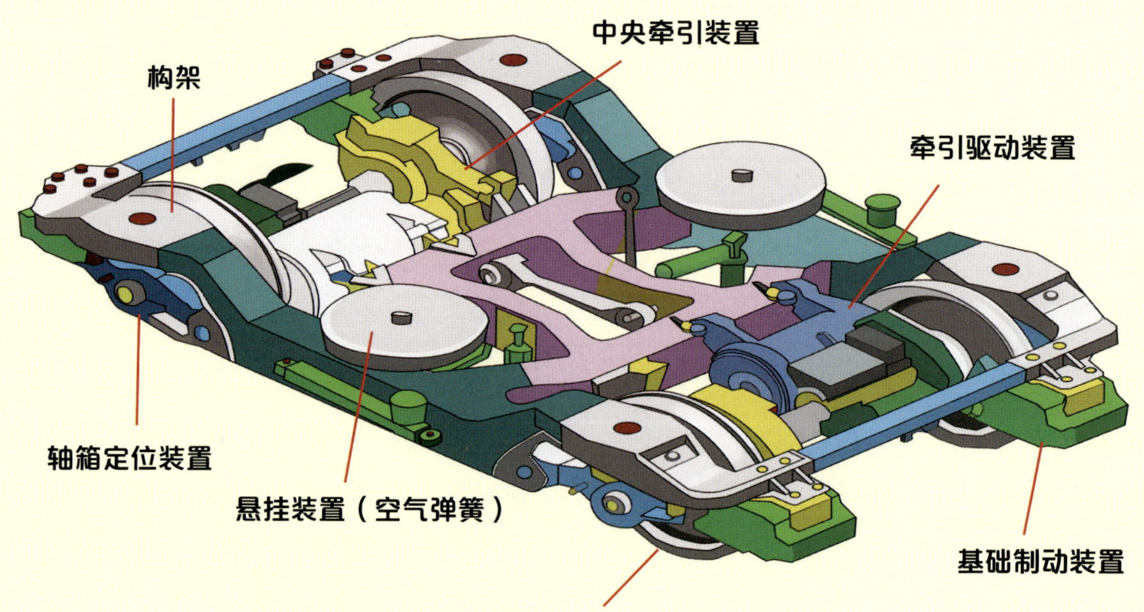

列车的车轮不是直接装在车厢上的，而是装在车厢下面的转向架上。

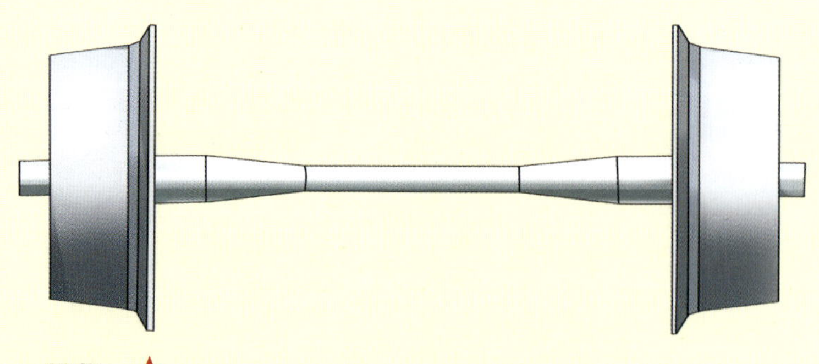

车轮内侧边缘还设计了“轮缘”，为的是在列车行驶过程中防止列车脱轨，轮缘始终会嵌在两条平行钢轨的内侧。

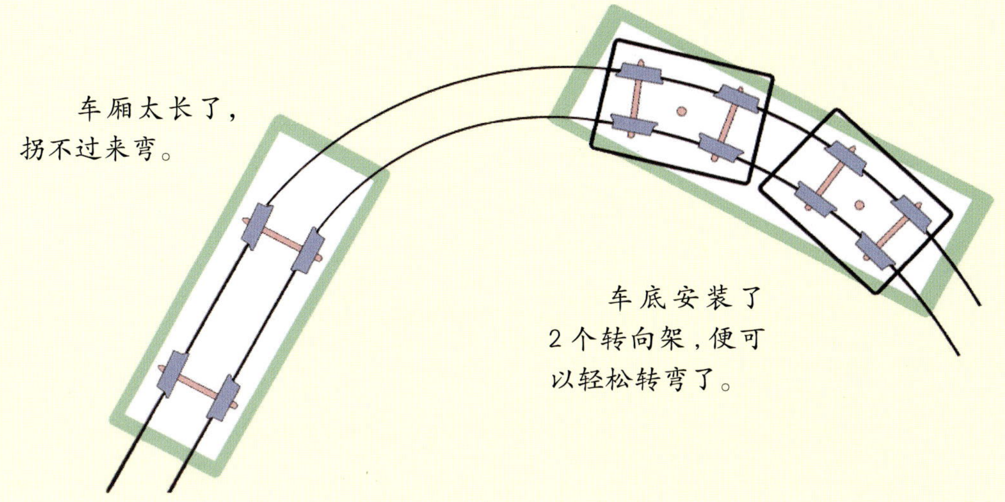

列车转弯时，外侧轨道更长，外侧车轮需要走更远的距离。如果车轮是圆柱体，两边的车轮走的距离一样，列车就很容易翻车。为了解决这个问题，列车的轮子就被设计成圆台，让转弯变得更加轻松。

圆台

从延伸出来的区域看到，列车的车轮被设计成圆台，而不是圆柱体。

同轴转动

由于列车的车轮是同轴转动，设计成圆台后，内侧车轮采用小圆周着力，而外侧车轮则采用大圆周着力。这样就不容易翻车。

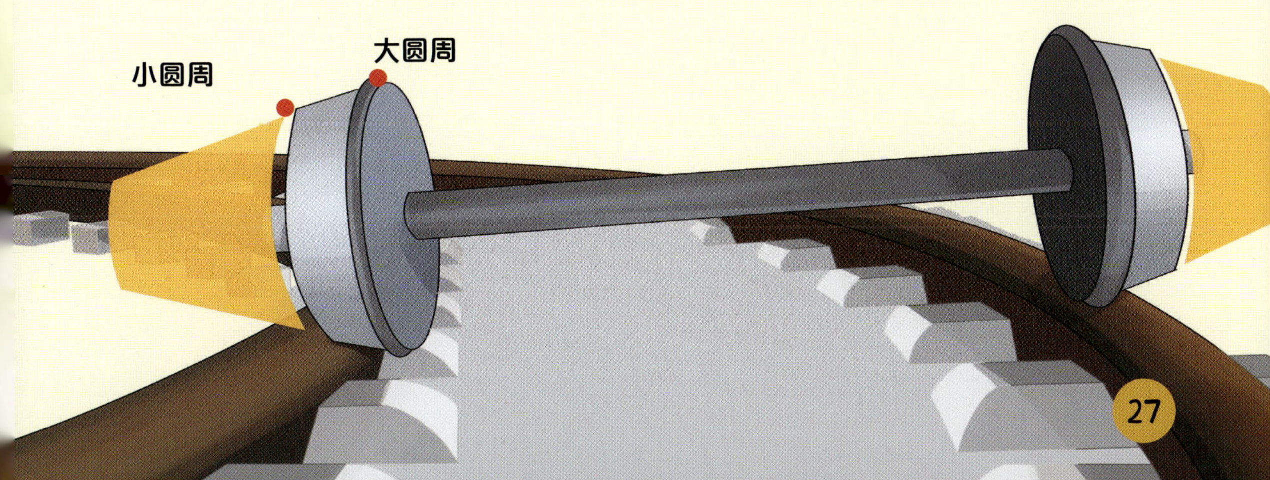

前方变冷了

高铁列车一路向北行驶，气温逐渐降低，仿佛是前方冷空气的警告。这条“巨龙”对环境变化非常敏感，一旦温度、风力等条件不利于高速行驶，它便会灵活地调整速度，确保安全。

什么是高寒高铁?

建设在冬季最低气温低于 −15 ℃的地区，其所有外露的列车和轨道等设施都能经受得住 −50 ℃的低温考验，并且设计速度在 200 千米 / 时及以上的铁路客运线，一般称为高寒高铁。

高寒高铁的建设难度

在严寒地区修建高铁的要求极高，因为土壤中的冰开始融化时，土壤就开始翻浆、变形。到冬天再次结冰时，土壤会膨胀，给高铁路基造成严重威胁。连续几年下来，高铁轨道就会变得坑坑洼洼，存在安全隐患！

我国地域从南方到北方跨越数千公里，温差巨大。尤其是冬季的东北地区，雪多、风大、气温低。在这里，列车不仅要面对严寒的考验，还要面对风雪给轨道交通带来的极大挑战。

“冰凤凰”复兴号

2021 年 1 月 22 日，京哈高铁实现全线贯通。CR400BF-G 型“冰凤凰”复兴号高寒动车组作为首发车型，从北京朝阳站出发，开往哈尔滨西站。CR400BF-G 型“冰凤凰”复兴号由 CR400BF“金凤凰”“变身”而来。

高寒高铁线路

京哈（北京到哈尔滨）高铁、哈大（哈尔滨到大连）高铁、兰新（兰州到新疆乌鲁木齐）高铁等都属于高寒高铁线路，这些高铁线路的成功运营，表明我国已经成功攻克了高寒高铁这个世界性的难题。

抗冷的“心脏”——“中国芯”

车内的温度悄然下降，轩轩感到了一丝寒意。奶奶心疼地抱紧了他，微笑着说：“寒冷天人的行动会变得迟缓。但是，你知道高铁在寒冷的天气里为什么还能快速行驶吗？”

轩轩好奇地摇了摇头，奶奶接着解释道：“这秘密就藏在高铁的‘心脏’——IGBT 芯片中。比人手掌略大的 IGBT 芯片，别看它小巧，却拥有巨大的能量，能够驱动庞大的高铁在极端天气中稳定运行。”

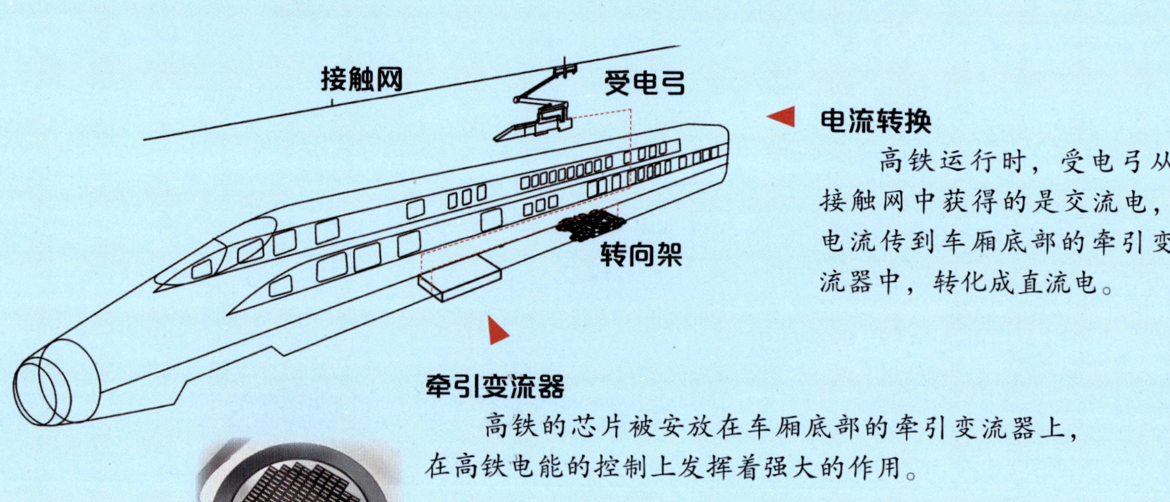

电流转换

高铁运行时，受电弓从接触网中获得的是交流电，电流传到车厢底部的牵引变流器中，转化成直流电。

牵引变流器

高铁的芯片被安放在车厢底部的牵引变流器上，在高铁电能的控制上发挥着强大的作用。

芯片

类似开关的高铁芯片

IGBT 芯片和我们平时房间里电灯开关所起的作用很像，但不同的是，IGBT 芯片可以强大到能在百万分之一秒内实现电流开关的开通或者关闭，还能承受相当于 4000 台空调同时工作的电流。

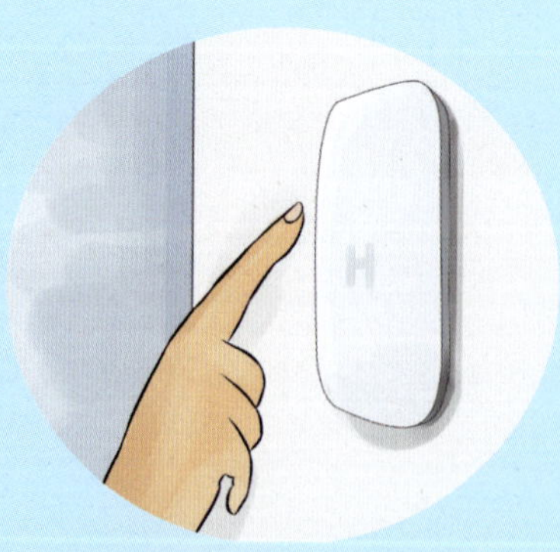

小小的芯片，蕴含着诸多技术难点。你知道吗？曾经我们国家为了发展高铁，不得不高价从外国购买芯片，尤其是 IGBT 芯片，每一列 8 辆编组的高铁列车就需要 152 个 IGBT 芯片。

但中国科研人员从未放弃自主研发，他们用近 10 年的时间攻克了技术难题。正是他们不畏艰难、持之以恒的精神，才让“中国芯”从无到有，让芯片技术从弱到强，最终走上了世界的舞台。

干净的芯片生产车间

芯片生产车间的洁净程度堪比手术室，技术人员入内需要穿衣戴帽“全副武装”，避免污染物对芯片的影响。

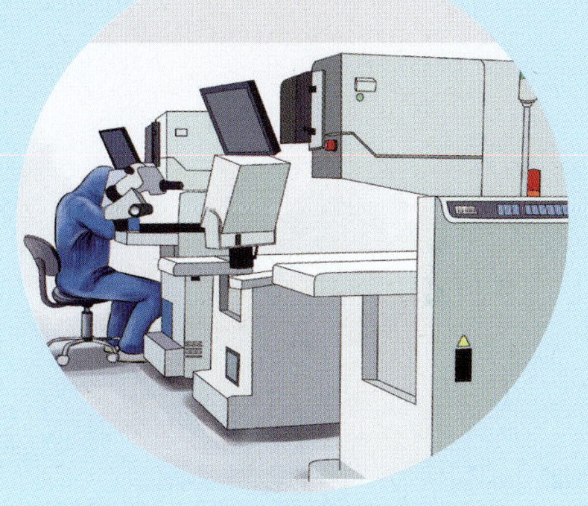

自动化生产

芯片的生产采用机器人手臂等自动化设备。

层层试验

在以下试验中看芯片是否能正常运转：把 5 吨（相当于 3 台汽车）的压力施加在 IGBT 芯片上；把芯片放到上至 150 ℃、下至 −40 ℃的环境中，并且温度在这两个极端循环往复变换 1000 遍。

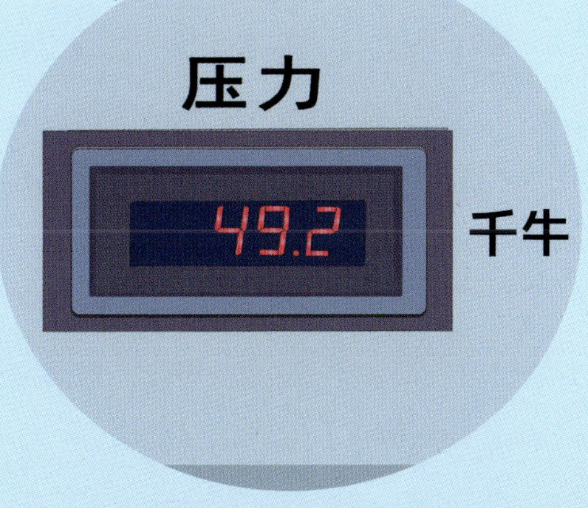

车窗外飘雪花了

车窗外不知何时飘起了雪花，隔着车窗就能看到晶莹剔透的小雪花簌簌地下落。透过车窗，轩轩目不转睛地欣赏着这美丽的景象。

在安静的车厢里，乘客们各自沉浸在自己的小世界里。有人安稳入睡，有人享受着美味的零食，还有人全神贯注地浏览着手机上的信息。

高寒动车组

列车在风雪中疾驰，从北京到哈尔滨，乘坐普通快车需要十几小时，但乘坐复兴号高寒动车组，最快 4 小时 52 分就可到达。

车身代码末尾的“G”表示高寒动车组

高铁的轮与轨

高铁和人一样，要注意“脚”——轮子的保暖。如果高铁的轮子温度太低，就可能会影响安全运营。在极寒的天气下，这种情况更加明显。不过，中国的工程师运用了一种技术装置——轴温报警器，它可以实时监测高铁轮轴的温度，及时发出警报，确保高铁的安全运营。

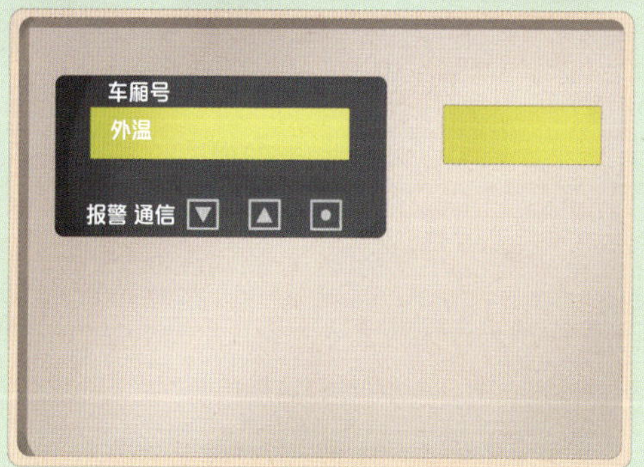

轴温报警器

当温度过低，接近轴承承受的极限时，轴温报警器就会报警，驾驶员则会采取相应的措施，来避免危险的发生。

东北的冬天冷得像冰柜，夏天热得像烤箱，气温能飙升到30℃以上！温差大得就像坐过山车。

这种温差对轨道可是个大考验！174千米长的钢轨热胀冷缩，伸缩量竟然有100米！

不过，别担心，工程师们可是智慧的化身，他们采用了无砟轨道，减少轨道伸缩量，让高铁列车能稳稳当当地在上面飞驰！

何为“砟”？

砟就是轨道中的碎石子。轨道分为有砟轨道和无砟轨道。

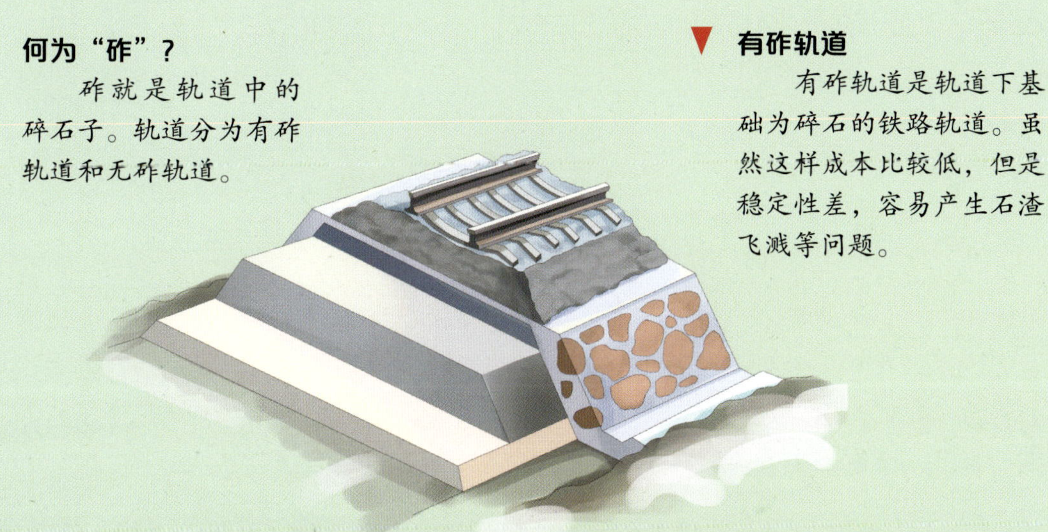

有砟轨道

有砟轨道是轨道下基础为碎石的铁路轨道。虽然这样成本比较低，但是稳定性差，容易产生石渣飞溅等问题。

当300千米/时的高速列车飞驰而过时，轨道上哪怕只是一颗小石子儿，都可能成为危害列车运行的“隐形杀手”！为了确保安全，中国工程师在高寒高铁线路上巧妙地铺设了无砟轨道，确保无散落的石子。

无砟轨道

无砟轨道，就是轨道的道床上没有铺设石子。

钢轨可以牢固地固定在坚硬的路基上，所以无砟轨道稳定性很好，并且平顺性也很好。

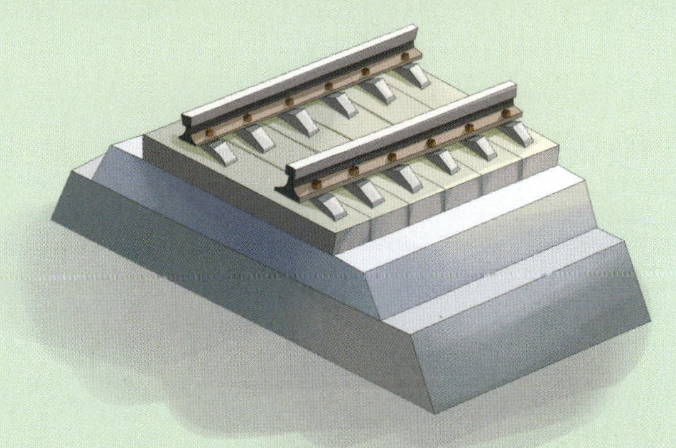

高铁的抗冻装备

冬天是哈尔滨最佳的旅游季节，这里有绚烂的冰灯，还有各种冰雕，如果你想去看冰灯，那么首先要提醒你的是换“装备”。

高铁想要在严寒的地方“行动自如”，只做好轮子和轨道的保暖远远不够，它还需要有一套捂得严实的“装备”，就像穿上了厚厚的羽绒服。

哈尔滨冰灯

封胶条 ►

拉门、设备箱体上的缝隙都粘上了封胶条加以密封，可以很好地避免寒冷的风雪钻入列车内部。

导流板 ▼

车底的转向架安装上了导流板，减少转向架上制动装置（刹车装置）的积雪结冰。

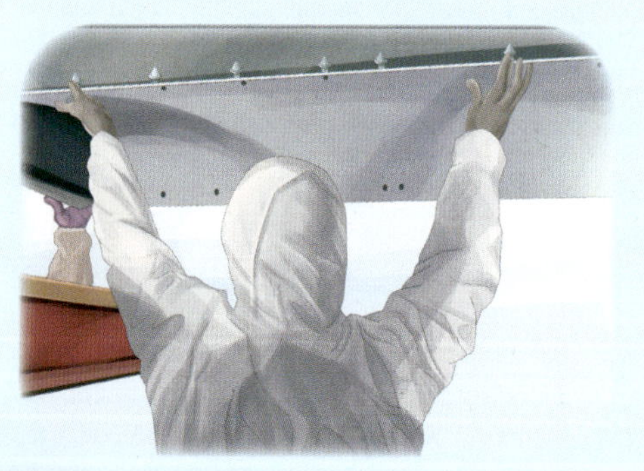

▲ **防雪设备舱**

“冰凤凰”采用密封型防雪设备舱，把自己捂得很严实，可以防止风雪侵入。

在低温天气里，手机都会因为低温而反应迟钝，电量也会迅速下降。对于在风雪中飞驰的高铁来说，更是如此。低温会使一些普通的电气元件“冻僵”，反应变慢，甚至出现故障。当冰雪侵入车内，遇热化成水，再遇到外面的冷气流时又会变成冰，包裹在列车设备和线路上，这种冷凝现象极易导致电气元件短路或损坏。

然而，我们的工程师们总是能够化险为夷！他们为高寒地区的高铁研发了一种由特殊抗冻材料制成的电气元件。这样，即使在 -40 ℃的极寒温度下，这些元件也能保持正常运转，确保高铁安全、稳定地行驶。

抗寒的螺栓和螺母

一些关键的螺栓和螺母采用了抗寒材料，长时间处于 -40 ℃的低温环境中也不会变脆开裂或者坏掉。

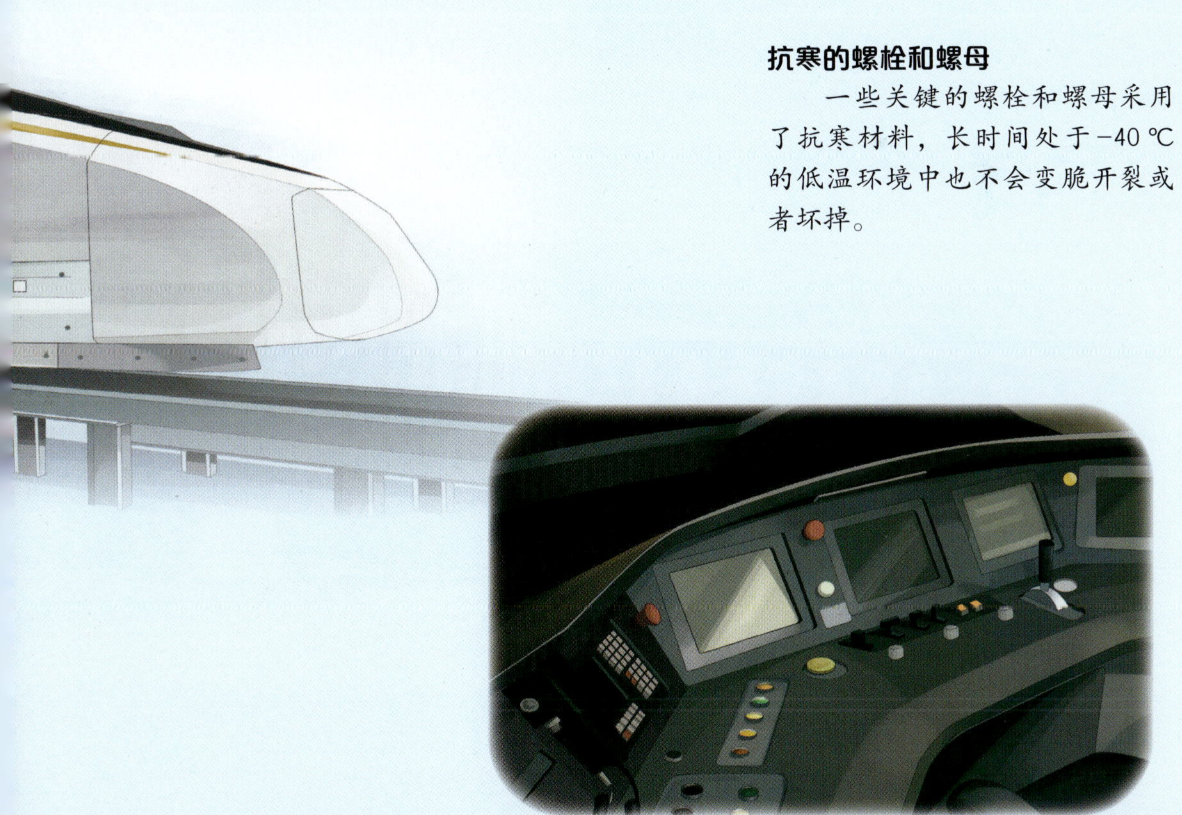

驾驶室

绿皮火车的经典回忆

在奶奶的记忆里，绿皮火车是一个时代的象征。在动车出现之前，绿皮火车作为主要的长途交通工具，承担了输送大量旅客的任务。冬天坐绿皮火车是一段苦涩的记忆——车厢里没有暖气，寒风刺骨。如今，高铁的出现彻底改变了人们的出行方式，它不仅速度快，而且车厢内温暖舒适。

高铁保暖水箱 ►

如今的高铁水箱装置穿上了厚厚的“棉衣”，保证水箱和水管里的水不结冰，方便乘客们正常使用水。

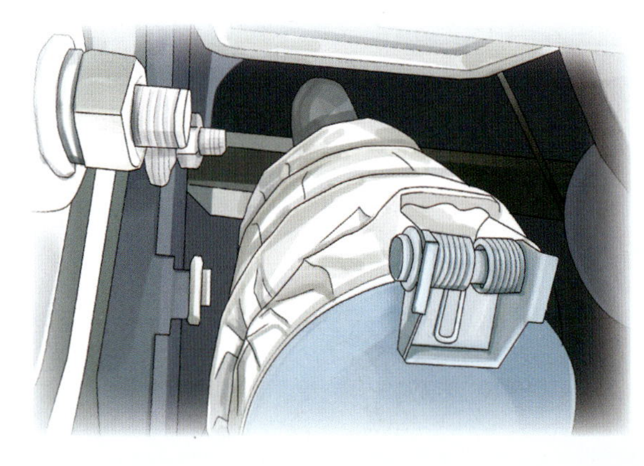

▲ **绿皮火车**

绿皮火车行驶在寒冷的地区时，列车的水管、污物箱等会有被冻住的可能。

美丽的雾凇景观

没过多久，列车就进入了吉林省境内，窗外的美景正如“忽如一夜春风来，千树万树梨花开”这两句诗所描绘的那样，让人产生步入仙境的错觉。

但奶奶轻轻皱起眉头，眼中带着思索，轻声对轩轩说：“孩子，冰冻天气虽然能让我们看到美丽的雾凇，但对于高铁来说并不友好，下雪和低温对高铁的影响都没有冰冻天气影响大。”

雾凇的形成

雾凇，其实也是霜的一种，当过冷的水雾（温度低于0℃）碰撞到同样低于冻结温度的物体时，便会形成雾凇。雾凇的形成要同时满足冬季漫长寒冷、水汽充足、风速小这几个条件，是一种水汽遇冷凝华而成的自然景观。

轩轩不解地问：“奶奶，为什么冰冻的天气会对高铁有很大影响呢？”奶奶耐心地解释说：“因为高铁的接触网，也就是列车上方那根输电的电线，如果遇到冰冻，就变得不导电了。没有了电力供应，高铁就无法正常运行。”

吉林雾凇

吉林省的吉林市四面环山，三面临水，处于盆地中，江中蒸发的水汽很难消散，这些都是雾凇形成的有利条件。雾凇除了可以供人观赏，还可以清洁空气，消除污染。

接触网无法导电

我们知道，高铁的芯片如同家中的电路开关，掌控着电能。但高铁电能的持续供应，其实还有赖于轨道上方的接触网。但是，当接触网被冰包裹住，就会失去导电能力，这是怎么回事呢？

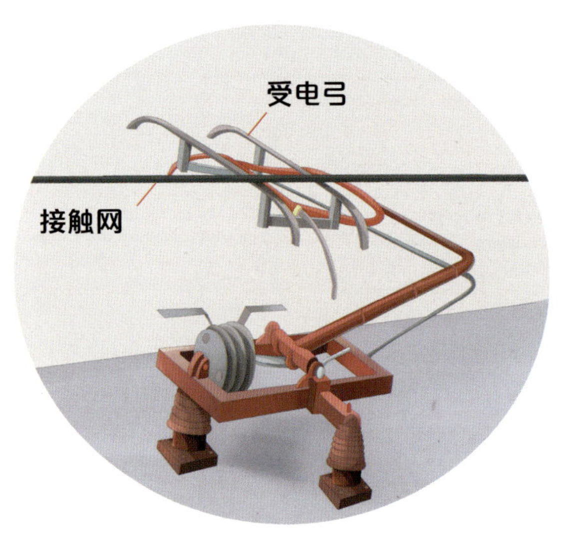

受电弓

列车通过车顶的受电弓与接触网相连而获得电能，才能风驰电掣地向前跑。

承力索

高铁上方的两条线中，上面的是承力索，负责把下方的接触网吊起来。

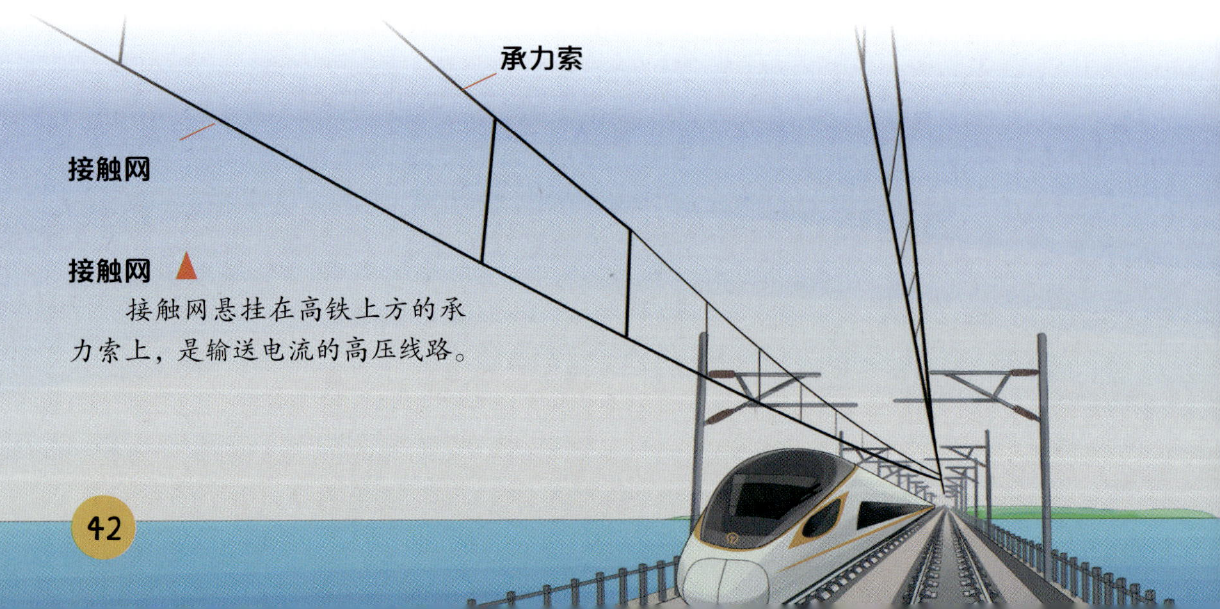

接触网

接触网悬挂在高铁上方的承力索上，是输送电流的高压线路。

面对轩轩的困惑，奶奶开始耐心地讲解：“电力动车组不同于普通列车，它需要靠接触网获得电能才有动力跑起来。当气温低于 0℃时，接触网线路上的水蒸气会凝结成冰。随着气温进一步降低，结冰范围逐渐扩大，整个接触网都被厚厚的冰层包裹。冰是绝缘体，因此，受电弓无法从被冰层包裹的接触网那里获得电能，高铁也就无法正常运行了。”

接触网被冰包裹

接近 0℃的雨被冻住，附着在物体的表面，这就是人们俗称的“雨凇”。接触网也会形成这种被冰包裹的现象。

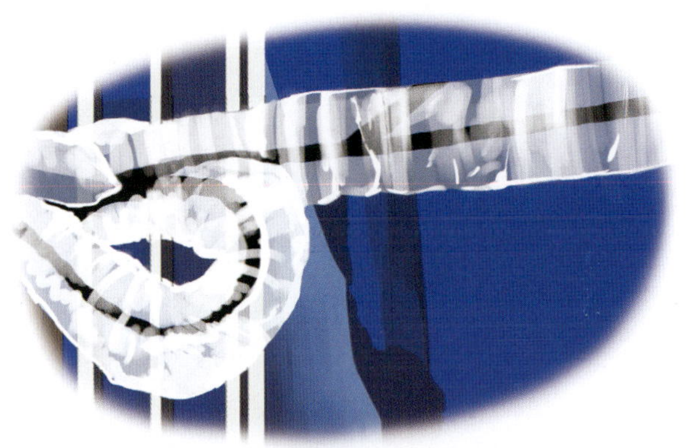

铁路“打冰人”

在天气比较寒冷的地区，不但高铁的接触网上会结冰，地下水丰富的隧道也会结冰。这些冰如果不及时清理，就会引发供电故障。轻则导致接触网故障跳闸，造成列车停运；重则破坏受电弓，造成设备损坏，危及旅客安全。

夜间“打冰人”

如果接触网出现雨凇、雾凇等现象，变成“树挂”，这就需要人工连夜打冰。

在零下几十摄氏度的环境里，口中呼出的雾气甚至会在帽子和睫毛上挂上霜，但这些铁路“打冰人”却从未喊苦喊累。一块块冰噼里啪啦地往下掉，正是这些铁路“打冰人”用自己辛勤的汗水守护着列车的安全运营。

隧道除冰

在山坡的隧道里，地下水丰富，当气温骤降至零下二三十摄氏度时，从隧道里渗出的水短时间内就会在两侧墙壁和弧顶结冰。为及时清理冰块，“打冰人”头戴头灯，手持铁锹、洋镐、除冰铲和编织袋，与冰块展开激战，确保列车的安全通行。

内燃机车来救援

列车距离终点越来越近了，但就在这时车子开始降速并慢慢地停了下来，原来列车是遭遇极端天气停运了。奶奶一边握着轩轩的手，一边回忆几年前高铁停运的经历：“2020 年 11 月中旬，发生了一场很严重的冰冻灾害，很多线路的列车都停运了。”

高铁停运

高铁在风、雾、雪等天气下都能正常运行，但在强降雨、暴雪、浓雾或大风的天气可能会晚点或停运。

轩轩好奇地问道：“奶奶，动车要是停运了，怎么办呢？”

奶奶耐心地解释道：“动车靠电获得动力，遇到冰冻灾害天气停电时，一般需要内燃机车来救援。大部分内燃机车是靠燃烧柴油获得动力，虽然跑得慢，但在高铁停电的时候能作为拖车派上用场。”

蒸汽机车是使用蒸汽发动机来驱动的铁路车辆哟！在很久以前，京张铁路上就运行着一款马莱型蒸汽机车！但后来，随着科技的进步，内燃机车、电力机车和动车组这些更先进的火车出现了，蒸汽机车就逐渐被淘汰了。而动车组和传统的列车有很大的不同，动车组列车就像是一辆车有多个“火车头”一起拉着跑一样，非常厉害！

蒸汽机车

英国的工程师乔治·斯蒂芬孙1825年发明了第一台蒸汽机车，极大地提高了运输效率。蒸汽机车是通过燃烧燃料产生蒸汽，利用蒸汽在汽缸内膨胀做功，驱动车轮转动的交通工具。

内燃机车

这是以内燃机产生动力，通过传动装置驱动车轮的机车。内燃机按照用于机车的内燃机种类可分为柴油机车和燃气机车，其中燃气机车使用最为广泛。

电力机车 ▲

指从外界汲取电力作为能源的铁路机车。电力机车所需要的电能由电气化铁路供电系统的接触网或第三轨供给。

▼ 高铁动车组

高铁动车组带动力的车厢数量大于等于2，而且每列火车的车厢数量一经出厂就固定不能更改。

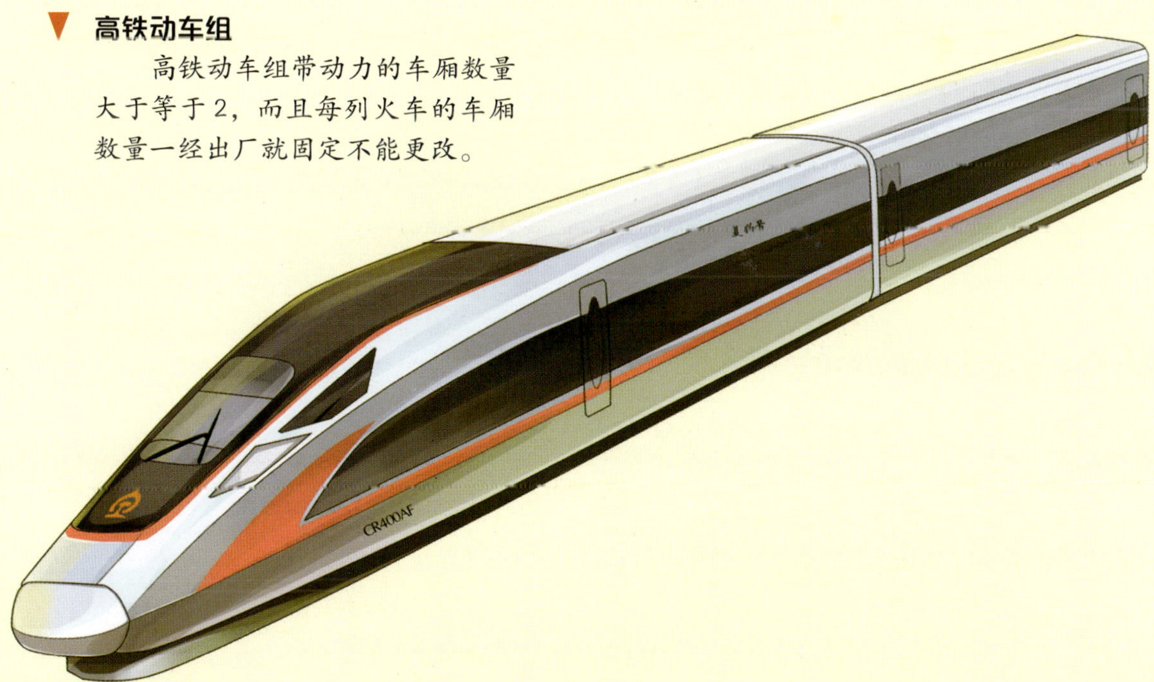

高铁的最强大脑——调度指挥中心

不一会儿，高铁重新启动发车了。轩轩有些担心地问奶奶：“我们停了好久，后面的车不会撞上来吗？”奶奶轻轻拍了拍他的手，耐心解释道：“不用担心，铁路调度指挥中心会掌控全局。他们负责制定列车运行计划，确保每辆车安全有序地行驶。如果前面的车需要减速或停靠，调度指挥中心会立刻通知后面的车，让它们保持安全距离。”

调度指挥中心的屏幕

调度指挥中心有很多大屏幕，屏幕上显示着各种各样的数据，可以帮助调度指挥中心的工作人员更好地安排列车的运行。

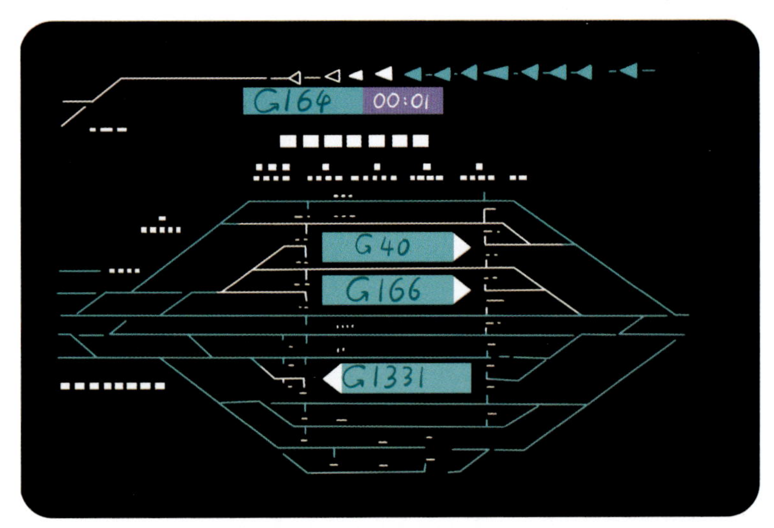

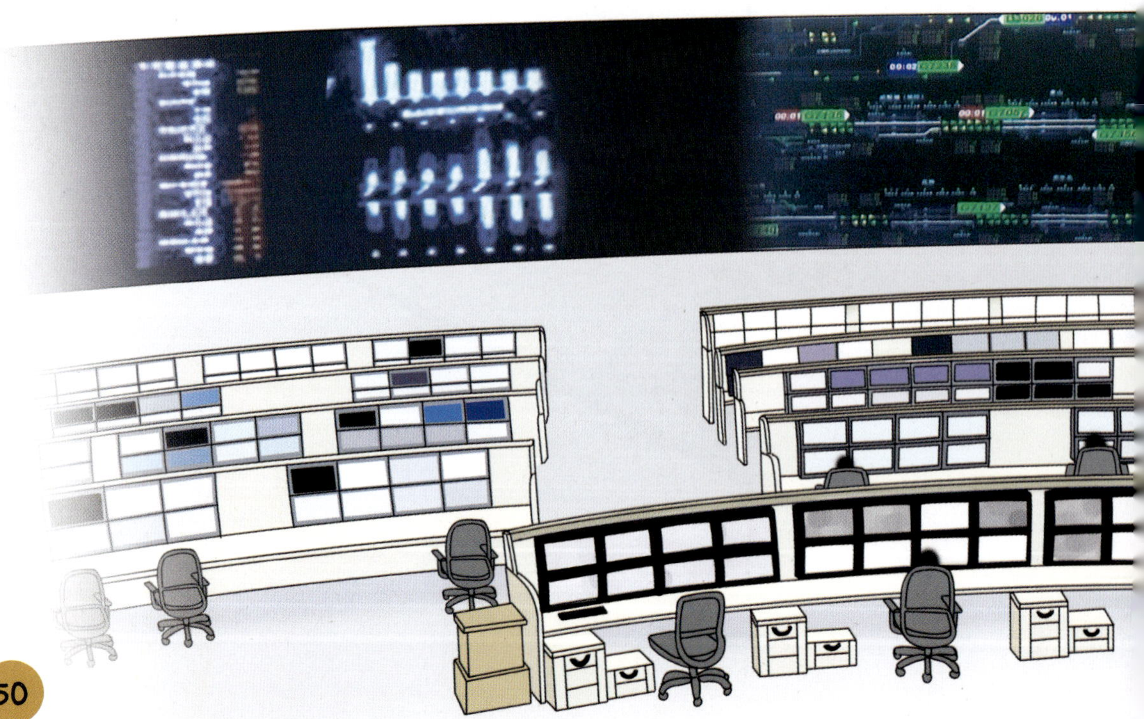

过了一会儿，轩轩问奶奶：“调度指挥中心的工作是怎样的呢？”奶奶告诉他，调度指挥中心的工作非常繁重，调度员需要时刻关注列车运行情况，进行调度和指挥。他们需要同时监控电脑屏幕，了解列车运行状态、信号灯变化，以及随时处理突发情况，根据实际情况及时调整列车运行计划，确保列车的安全和准时。调度员的工作需要高度的专注和持久的耐心，一刻也不能放松。

听完奶奶的介绍，轩轩对调度员充满了敬意，并感叹科技的发展让铁路运输变得更加便捷和安全。

高铁的驾驶室里藏着许多秘密。奶奶告诉轩轩，驾驶员需要操作复杂的设备，时刻关注列车状态和信号指示，确保安全准时。高速运行容易让人疲劳，但正是这些人的付出，才让我们的旅程更安心。听完，轩轩对驾驶员充满了敬意。

信息显示屏 ▼

驾驶员在驾驶列车的时候，一边要注意前方的路面情况，一边要密切关注车载信息显示屏上的信息，根据指示对列车进行控制。

高铁驾驶员 ▲

每列动车组只有一名驾驶员，所以在驾车的时候，驾驶员不能上厕所。如果一定要上厕所，需要提前向调度员申请，获得批准后，到站停车的时候才能上厕所。

奶奶接着补充道：“驾驶员在驾驶时精力需要时刻保持高度集中，不能分心。他们不能使用手机，甚至连喝水和上厕所都不方便。因为这些行为都可能分散他们的注意力，影响列车的安全运行。”

听到这些，轩轩若有所思地点了点头，感慨地对奶奶说：“驾驶员真辛苦啊！”他深深体会到了驾驶员的不易，也更加敬佩和感激他们为铁路运输做出的贡献。

高铁驾驶员的手势

驾驶员每做一个操作，口中都要复述一遍，并做出相应手势。左图表示准备发车。

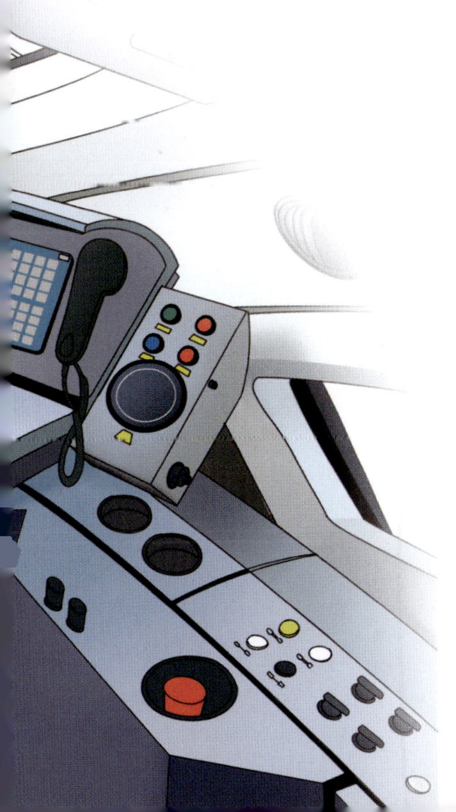

踏板和报警装置

在驾驶员的座位下面设有一个踏板，每隔30秒就要踩一下，驾驶员没有踩，装置就会“嘀嘀嘀”报警，过了40秒没有踩，列车就会紧急制动。

高铁包括哪些系统

除了我们经常看到的高铁列车，广义的高铁其实还包括很多系统，如高速列车系统、工务工程系统、牵引供电系统、列车运行控制系统、运营调度系统、运营服务系统等。

广义的高铁

高速列车系统

工务工程系统

牵引供电系统

列车运行控制系统

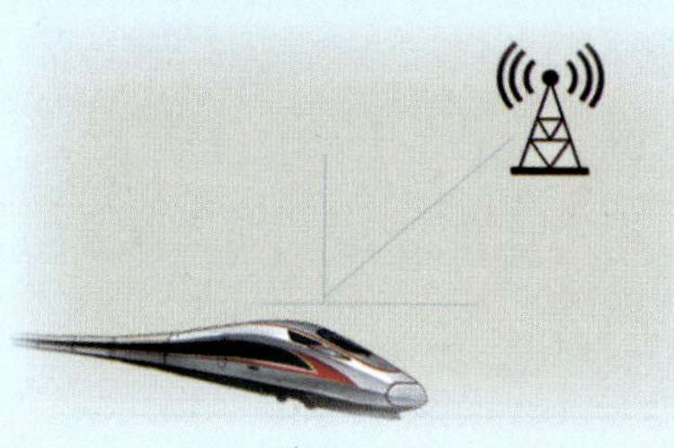

运营调度系统

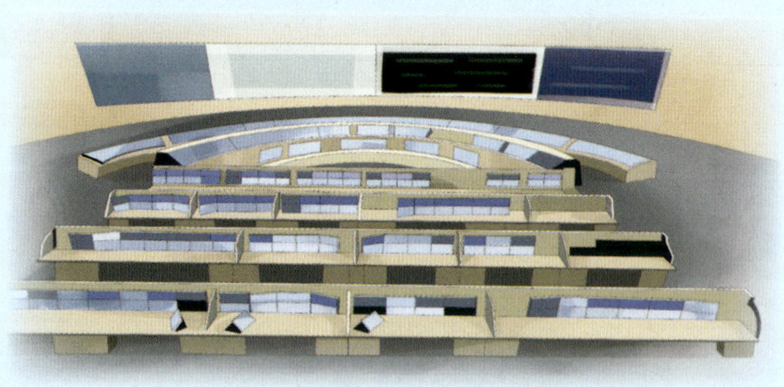

运营服务系统

高铁的运营调度系统尤为重要，这是一套中国自主研发的系统，像京沪高铁线如此高密度的发车频率，为保障线路的安全及高效运转，需要依靠先进的运营调度系统。

靠煤烧水提供能量的蒸汽机车

最早的火车是蒸汽机车，用煤烧水获得的蒸汽作为动力。但火车可以装载的煤和水是有限的，到了某个站点就要停下来加煤加水，很浪费时间。

靠电提供能量的高铁列车

现在的高速列车是依靠电来提供能量，传输电能的铁路接触网覆盖了所有的高铁线路，列车在行驶的时候随时都可以获得电能。

高速铁路有一个完整的供电系统，发电厂发的电先经过输电线输送到铁路专用的牵引变电所，牵引变电所会调节电的电压，使它变得适合所有种类高速列车使用。随后，电就会传到铁路接触网，受电弓从铁路接触网上获得电能。

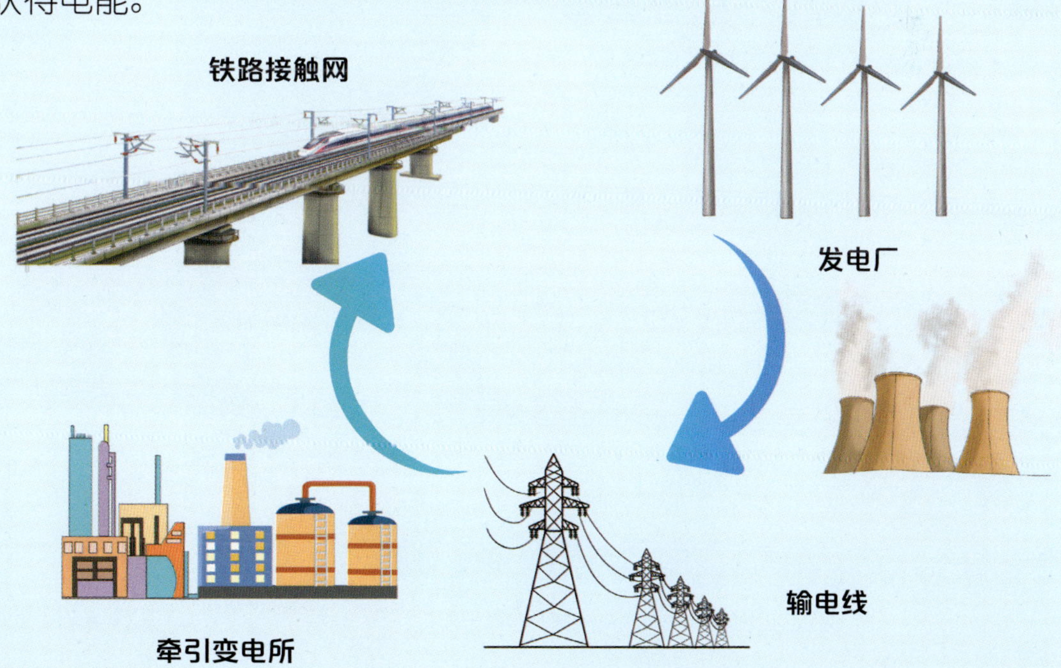

抵达目的地

列车开始缓缓降速，预示着即将抵达终点哈尔滨西站。轩轩的心情异常激动，他兴奋地对奶奶说："奶奶，我想去看冰灯！"奶奶温和地答应道："好啊，奶奶陪你一起去欣赏美丽的冰灯。"

冰城哈尔滨

冰雪文化是哈尔滨独特的文化。每年的1月5日，哈尔滨都会举行盛大的国际冰雪节，这个节日是根据哈尔滨当地传统的冰灯活动创建的，冰灯早年间是当地渔民用来照明的工具。

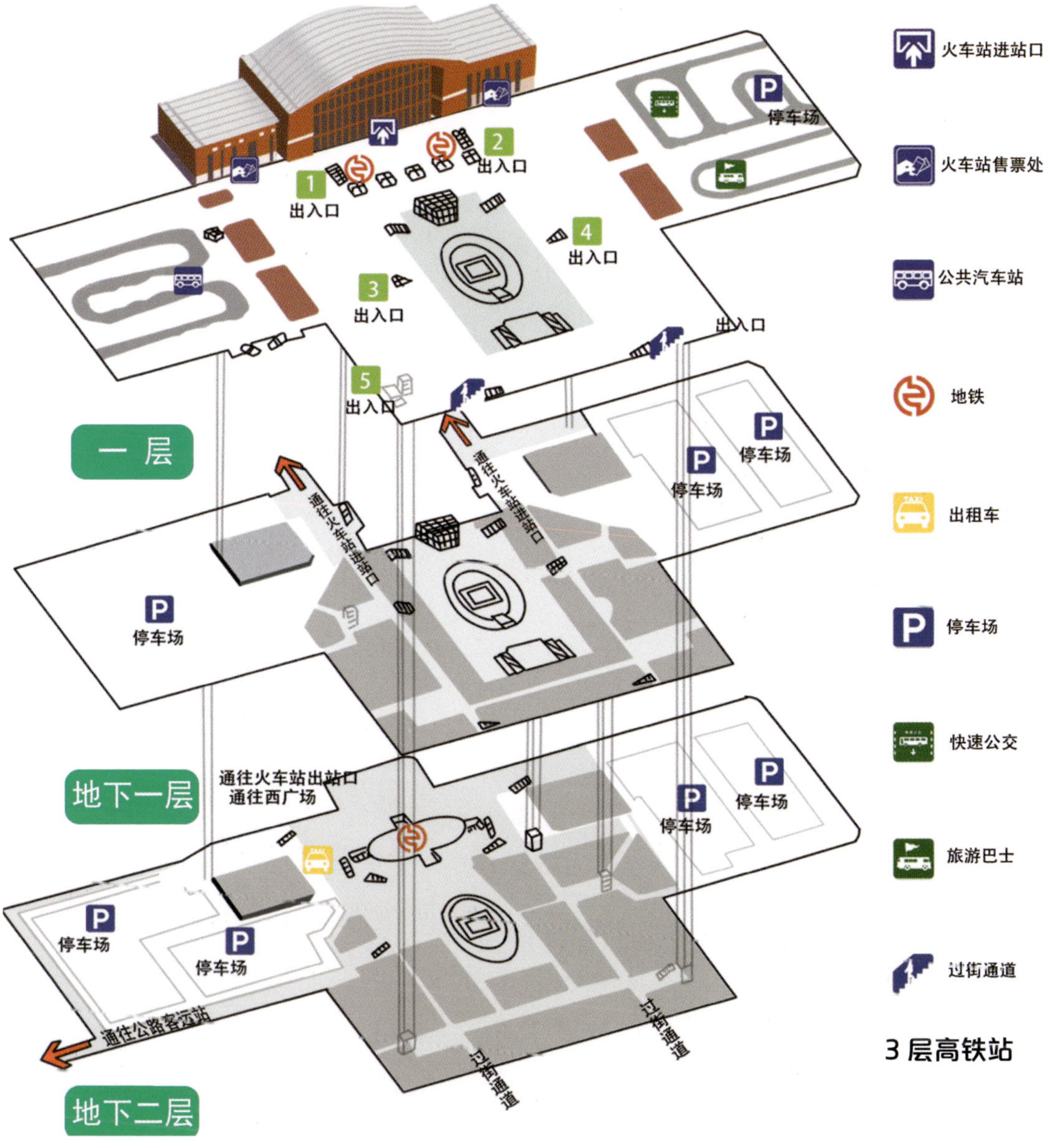

一层

1 出入口

2 出入口

3 出入口

4 出入口

5 出入口

出入口

停车场

地下一层

通往火车站进站口

通往火车站进站口

停车场

停车场

停车场

地下二层

通往火车站出站口
通往西广场

停车场

停车场

停车场

停车场

通往公路客运站

过街通道

过街通道

火车站进站口

火车站售票处

公共汽车站

地铁

出租车

停车场

快速公交

旅游巴士

过街通道

3 层高铁站

列车因为极端天气的影响晚点了，但最终顺利地抵达了哈尔滨西站。轩轩牵着奶奶的手，和其他乘客一起下车。奶奶一边走路，一边对轩轩说道：“现在的高铁站一般都是立体化的交通枢纽，有很多层，能把地铁、公交、出租车等公共交通融合到一起，让旅客无缝换乘不同的交通工具。”

进暖库“洗澡”

一般在天窗期，机械师会对列车进行检查和维修，信号检测师会检测列车的信号，清洁师会给列车“洗澡”。

高寒高铁列车的养护比普通高铁列车更复杂、全面。由于高寒地区气候寒冷，车底容易附着冰雪，影响列车的安全运行。

检测列车信号

给列车“洗澡”

高寒高铁列车在结束一天的行程后需要进行除冰雪工作。工作人员需要将列车驶入暖库，利用暖库的高温来融化车底的冰雪，然后他们会对列车底部进行仔细的清理，确保没有冰碴儿残留。这一养护过程对于高寒高铁列车来说至关重要，可以确保列车在第二天的运行中保持良好的状态。

检查列车车轮

检修列车空调

后记

“中国超级工程丛书”绘本版8本终得付梓，手抚书稿，却觉编纂之路仍任重道远。我们立志重磅打造含48本的丛书，从桥梁、港口、航空航天、高铁、能源、道路、车辆等各个领域展现我国超级工程与大国重器，展现一幅波澜壮阔的工程画卷。

俯瞰神州大地，纵贯山河的“超级工程”星罗棋布，中国名片成色十足。且看中国桥梁，港珠澳大桥宛如海中卧龙，五峰山大桥变天堑为通途，北盘江大桥、矮寨超级悬索桥横跨深谷幽壑，它们各展雄姿；中国港口，上海洋山港填海而建，青岛港自动化领先，广州港千年兴盛，宁波港后来居上，这些港口犹如经济的晴雨表；航空航天方面，长征系列运载火箭、神舟系列飞船使中国载人航天一飞冲天，“嫦娥”探月弥补千年遗憾，天问一号奔赴火星深空探测，从天宫一号到长期有人驻守的空间站，中国航天恰似大鹏扶摇直上；中国高铁从百年前的京张铁路发展到如今的智能京张高速铁路，从饱受质疑到引领世界，冲破技术封锁，风驰电掣；而中国盾构，从最初的中铁一号发展至今，海宏号穿梭于大海之下、蒙华号奋进于黄土之中、春风号穿行于繁华城市之下，成为人们引以为傲的国之重器……

在编纂过程中，我们时而为精妙的工程设计拍案叫绝，时而被无数工程师和科学家的默默付出深深感动。这些情感融入字里行间，赋予每本书温暖的底色。编纂这套丛书，从初稿成型，到逐步修改雕琢，编著者和专家们字斟句酌，幕后团队携手“保驾护航”，每一次修改，皆倾注众人的心血与期待，终盼来付梓曙光。如今，“中国超级工程丛书”绘本版持续出版中，路在脚下，任重而道远，愿这套书成为孩子们心中永不磨灭的星光。